Stephanie und Thomas Feghelm

Fröhliche Laubsägearbeiten
für Frühling und Sommer

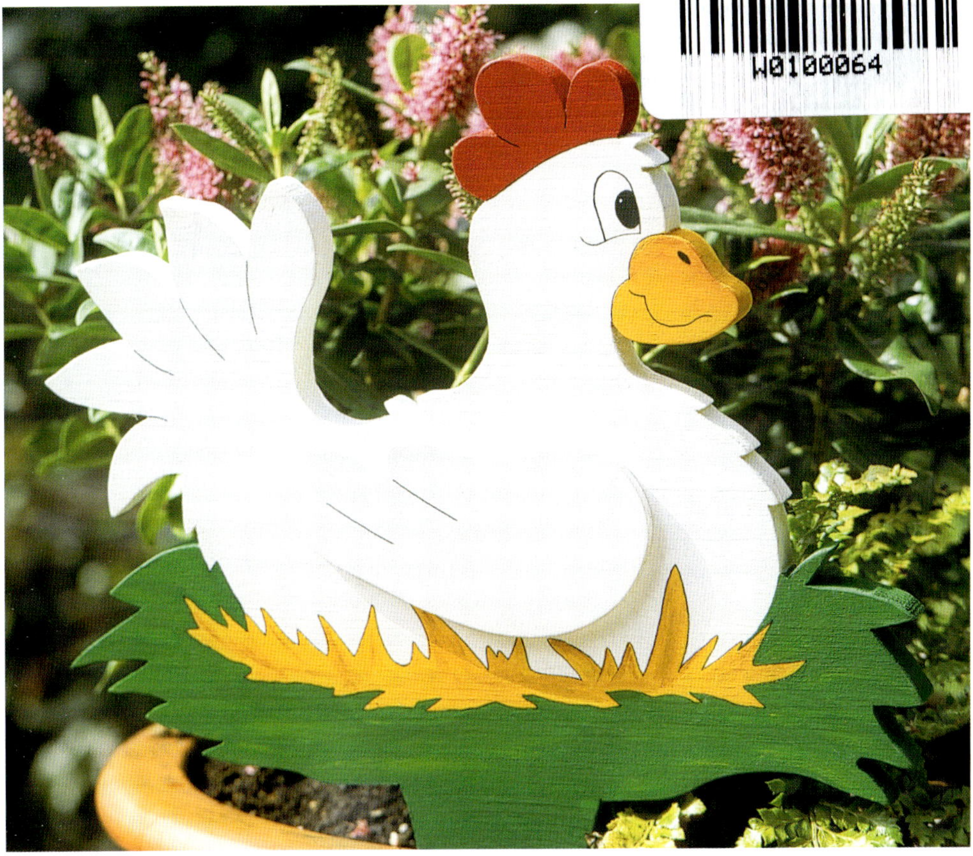

Die Deutsche Bibliothek – CIP-Einheitsaufnahme
Fröhliche Laubsägearbeiten für Frühling und Sommer / Stephanie und Thomas Feghelm –
Wiesbaden: Englisch, 2001
ISBN 3-8241-1122-5

© by Englisch Verlag GmbH, Wiesbaden 2001
ISBN 3-8241-1122-5
Alle Rechte vorbehalten. Nachdruck, auch auszugsweise, verboten.
Fotos: Frank Schuppelius
Herstellung: Michael Feuerer
Printed in Germany

Das Werk und seine Vorlagen sind urheberrechtlich geschützt, jede Verwertung oder gewerbliche Nutzung der Vorlagen und Abbildungen ist verboten und nur mit ausdrücklicher Genehmigung des Verlages gestattet. Dies gilt insbesondere für die Nutzung, Vervielfältigung und Speicherung in elektronischen Systemen und auf CDs. Es ist deshalb nicht erlaubt, Abbildungen und Bildvorlagen dieses Buches zu scannen, in elektronischen Systemen oder auf CDs zu speichern oder innerhalb dieser zu manipulieren.

Die Ratschläge in diesem Buch sind von den Autoren und dem Verlag sorgfältig erwogen und geprüft, dennoch kann eine Garantie nicht übernommen werden. Eine Haftung der Autoren bzw. des Verlages und seiner Beauftragten für Personen-, Sach- und Vermögensschäden ist ausgeschlossen.

Inhaltsverzeichnis

Vorwort 5

Material und Werkzeug 6

Allgemeine Grundanleitung 8

Gartenzwerg 10
Türschild „Sind im Garten" 11
Eierkiste mit Huhn 12
Narzissen und Tulpen 14
Henne und Hahn 16
Vielseitiger Frosch 18
Mobile mit Sommerblumen 19
Blumenstecker „Vogel" 20
Gartenstecker „Blume" 22
Rankhilfe 23
Gartenschnecke 24
Blumenkette 25
Vogelhaus 26
Schmetterlinge 27
Blumenkinder 28
Untersetzer „Blümchen" 30

Vorwort

Holz ist ein wunderbares Material, das Natürlichkeit und Wärme ausstrahlt. Obendrein ist es auch leicht zu verarbeiten.
Und in Verbindung mit sommerlich frischen Farben werden aus dem Werkstoff Holz wunderschöne „Hingucker" für Haus und Garten.
So kümmert sich der kleine Gartenzwerg liebevoll um Ihre Blumen, der Frosch hütet Ihre Gartenschürze und das Blumen-Mobile klingt leise im Wind.

Alle gezeigten Motive lassen sich leicht nacharbeiten; bei einigen sollten Sie für die Bemalung jedoch ein wenig Geduld mitbringen. Selbstverständlich können Sie hier auch Ihren eigenen Farbgeschmack einbringen und somit Unikate schaffen.
Also, fangen Sie an – greifen Sie zur Säge, und stürzen Sie sich dann in das Traumland der Farben!
Viel Spaß dabei wünschen Ihnen
Stephanie und Thomas Feghelm

Material und Werkzeug

Für das Arbeiten mit Holz benötigen Sie die folgenden Materialien und Werkzeuge:
- Laubsäge oder Decoupiersäge
- Sägeblätter in verschiedenen Stärken
- Schleifpapier in verschiedenen Körnungen
- Leimholz, 18 mm stark
- Sperrholz, 3 mm und 6 mm stark
- Holzleim
- Akkuschrauber
- Bleistift, Architektenpapier
- Bastelfarben
- Gelstifte in Schwarz und Weiß
- Matt-Sprühlack
- Pinsel in unterschiedlichen Größen
- dünnen Draht
- kleine Nägel

Das Holz
Für die meisten Motive in diesem Buch brauchen Sie 3 bzw. 6 mm starkes Pappelsperrholz. Sie erhalten dieses Holz in Bastelgeschäften. Sparen Sie dabei nicht an der Qualität des Holzes, da sonst die Rückseite der Holzplatten faserig sein könnte. Die Leimholzplatten mit 18 mm Stärke beziehen Sie aus dem Baumarkt. Auch hier ist sehr auf die Qualität zu achten: Je heller das Holz ist, umso leichter lässt es sich verarbeiten. Weiterhin benötigen Sie aus dem Bastelgeschäft Holzleisten und Rundholzstäbe in verschiedenen Dicken.

Die Sägen
Die **Laubsäge** erfordert ein wenig Muskelkraft und wird mit Auf- und Abbewegungen durch das Holz geführt. Drücken Sie das Sägeblatt dabei nur leicht gegen das Holz, um ein Verkanten oder gar Reißen des Blattes zu vermeiden. Mit dieser Säge lassen sich jedoch nur die dünneren Holzplatten problemlos sägen.

Für die Leimholzplatten verwenden Sie am besten eine **Decoupiersäge**, d. h. eine elektrisch betriebene Laubsäge. Ein Motor ersetzt dabei die Muskelkraft der Auf- und Abbewegung des Sägeblattes. Es gibt diese Säge in unterschiedlichen Ausführungen und Preisklassen. Mit solch einer Säge lassen sich auch härtere Hölzer bis zu einer Stärke von 50 mm bearbeiten. Das Holz wird bei der Verarbeitung etwas fester auf den Sägetisch gedrückt und leicht gegen das Sägeblatt geführt. Eine genaue Beschreibung liegt der jeweiligen Säge bei.

Das Schleifpapier
Nach dem Aussägen der Motive wird das Holz, wo es erforderlich ist, geglättet. Hierfür eignet sich ein Schleifpapier mit grober Körnung (z. B. 80er). Verwenden Sie für den Nachschliff ein Papier mittlerer Körnung (z. B. 120er). Für den Oberflächenschliff wird ein Schleifpapier mit feiner Körnung eingesetzt (z. B. 240er). Die Kanten werden mit einem 240er Schleifpapier „gebrochen".

Die Farben

Zum Bemalen verwenden Sie am besten **wasserlösliche Bastelfarben**. Diese Farben decken gut, trocknen schnell und werden in unterschiedlichen Abfüllungen im Handel angeboten.

Um die Farben dauerhaft haltbar zu machen, werden diese nach dem Trocknen mit einem **Matt-Sprühlack** versiegelt. Sind die Modelle der Witterung ausgesetzt, sollten Sie diese in jedem Fall zweimal versiegeln.

Die Pinsel

Verwenden Sie für den Grundauftrag (Grundierung) einen **flach gebundenen Synthetikpinsel**. Für Stupf- und Drybrush-Techniken eignet sich insbesondere ein **rund gebundener Drybrush-Pinsel** mit runder Spitze.

Weiterhin brauchen Sie runde und flache Synthetikpinsel in unterschiedlichen Größen.

Feinste Linien und Konturen werden mit sehr guten Resultaten mit einem Gelstift aufgetragen.

Allgemeine Grundanleitung

Das Übertragen der Motive vom Vorlagebogen
Legen Sie einen Bogen festes Transparentpapier (Architektenpapier) über den Vorlagebogen, und zeichnen Sie das gewünschte Motiv mit einem weichen Bleistift ab. Legen Sie jetzt das Architektenpapier mit der Bleistiftseite auf das Holz. Fahren Sie die Linien auf der Rückseite des Architektenpapiers mit einem harten Bleistift nochmals nach. Hierdurch werden die Linien auf das Holz übertragen. In gleicher Weise übertragen Sie auch alle Linien, Gesichter usw. auf das grundierte Holz.

Das Sägen
✦ Mit der Laubsäge: Befestigen Sie ein Sägetischchen mit einer Schraubzwinge an einer Tischkante. Der Schlitz und das Loch liegen vor der Tischkante. Das Motiv wird in dem Loch gesägt. Spannen Sie ein geeignetes Sägeblatt ein, und drehen Sie es mit den Flügelschrauben fest. Halten Sie den Sägeboden waagerecht und parallel zum Unterarm. Es wird immer nur das Holz gedreht, nicht die Säge.

✦ Mit der Decoupiersäge: Spannen Sie zunächst das für die Holzart geeignete Sägeblatt ein, und achten Sie darauf, dass die Sägezähne nach unten zeigen, um ein Ausschlagen des Holzes zu vermeiden. Sägen Sie nun entlang der Bleistiftlinie, indem Sie das Holz langsam und leicht gegen das Sägeblatt drücken. Achten Sie dabei darauf, dass das Holz immer fest auf dem Sägetisch aufliegt.
Lassen Sie niemals Kinder unbeaufsichtigt an einer Decoupiersäge arbeiten!

Tipp: Um aus dem Inneren eines Motivs etwas heraus zu sägen, bohren Sie zunächst ein kleines Loch. Lösen Sie den oberen Teil des Sägeblattes, und führen Sie diesen durch das Bohrloch. Spannen Sie das Sägeblatt wieder ein. Nun können Sie problemlos im Motiv sägen.

Das Schleifen
Nicht immer werden beim Sägen Rundungen wirklich rund und Kanten richtig gerade. Mit einem Schleifpapier mit grober Körnung lassen sich jedoch kleine und größere Patzer schnell korrigieren. Für gerade Kanten legen Sie das Schleifpapier auf einen Schleifklotz aus Holz oder Kork und schleifen damit über das Holz hin und her. Um Rundungen zu korrigieren, müssen Sie an den jeweiligen Stellen individuell zurückschleifen.
Kanten „brechen" Sie, indem Sie kurz mit etwas Druck mit dem Schleifpapier direkt über die Kante fahren.

Das Bohren
Beim Bohren von Löchern besteht immer die Gefahr, dass das Holz auf der Rückseite aussplittert. Um dies zu vermeiden, müssen Sie stets ein weiteres Stück Holz unterlegen.

Die Maltechniken

✦ Grundieren: Verdünnen Sie 1 Teil weiße Farbe mit ca. 3 Teilen Wasser. Benutzen Sie einen flach gebundenen Synthetikpinsel für den Farbauftrag. Bürsten Sie die Farbe mit etwas Druck in das Holz. So können keine „Schlieren" entstehen. Lassen Sie den Auftrag gut trocknen, bevor Sie weiterarbeiten.

✦ Drybrushing: Hier bürsten Sie regelrecht die „trockene" Farbe auf Ihr Motiv. Am besten eignet sich hierfür ein Drybrush-Pinsel mit einer runden Spitze. Der Pinsel muss vor Gebrauch immer trocken sein, da er die Farbe sonst zu sehr verdünnen würde. Tauchen Sie die Pinselspitze in die gewünschte Farbe und streichen sie auf einem Papiertuch so lange hin und her, bis Sie das Gefühl haben, dass keine Farbe mehr im Pinsel ist. Streichen Sie nun mit dem Pinsel über Kanten, stupfen Sie Wangen ab, oder tragen Sie die Linien von Karohosen o. ä. auf. Mit dieser Art von Bemalung lassen sich immer weiche Effekte erzielen.

✦ Nass-in-Nass-Technik: Bei dieser Technik werden zwei oder mehr Farben nass ineinander gewischt. Tragen Sie dazu die Farben nebeneinander auf, und ziehen Sie die Farben mit dem Pinsel ineinander.
Sie müssen dabei zügig oder in Teilschritten arbeiten, damit die Farbe nicht antrocknen kann. Mit dieser Technik erhalten Sie weiche Farbübergänge.

✦ Punkte setzen: Um gleichmäßige Punkte zur Verzierung zu setzen, brauchen Sie Stricknadeln oder Pinselstiele in unterschiedlichen Größen.
Tauchen Sie den Pinselstiel oder die Stricknadel in einen Farbspiegel ein. Setzen Sie anschließend den Stiel senkrecht auf das Holz. Die Farbmenge reicht meist für zwei Punkte aus. Wischen Sie das Ende mit einem Papiertuch sauber, bevor Sie erneut in den Farbspiegel eintauchen. So werden die Punkte immer schön rund.

✦ Versiegeln: Damit man das bemalte Teil später auch feucht abwischen kann, wird es mit einem transparenten, matten Sprühlack versiegelt. Den Lack sollten Sie vor Gebrauch gut schütteln! Figuren für den Garten sollten Sie evtl. mit einem Bootslack versiegeln.

1. Gartenzwerg

Eine hübsche Dekoration für Ihre Blumenbank.

Material
- Sperrholz, 6 mm stark
- Schleifpapier
- Holzleim
- Bastelfarben in Weiß, Gelb, Rot, Blau, Grün, Dunkelgrün, Haut und Braun
- Gelstift in Schwarz
- Sprühlack

Anleitung

Übertragen Sie die Konturen wie in der Grundanleitung beschrieben auf das Holz, und sägen Sie die Form aus. Glätten Sie die Seiten mit Schleifpapier mittlerer Körnung, und brechen Sie die Kanten mit dem feinen Schleifpapier.

Grundieren Sie nun den Zwerg mit der verdünnten weißen Bastelfarbe. Nach dem Trocknen glätten Sie die Holzfasern, die sich durch das Grundieren aufgerichtet haben, mit dem feinen Schleifpapier. Die Detailzeichnung bleibt dabei meist erhalten.

Malen Sie nun die einzelnen Felder aus. Rougen Sie die Wangen und die Nase mit der roten Bastelfarbe in der Drybrush-Technik (siehe unter Maltechniken in der Grundanleitung). Verfahren Sie bei der Jacke ebenso mit der braunen Farbe. Brushen Sie bei der Hose zunächst das Karo-Muster mit der weißen Farbe auf den blauen Untergrund. Anschließend werden die Zwischenräume mit der roten Farbe ganz leicht aufgebrusht.

Die Grasfläche wird mit Grün grundiert und mit den Farben Gelb und Dunkelgrün in der Nass-in-Nass-Technik verstrichen (siehe unter Maltechniken in der Grundanleitung).

Nach dem Trocknen werden die beiden Teile miteinander verleimt.

2. Türschild „Sind im Garten"

Diese kleine Raupe zeigt Ihren Besuchern den Weg.

Material
- Sperrholz, 6 mm stark
- Schleifpapier
- Bohrer, 3 mm
- Holzleim, Sprühlack
- Bastelfarben in Weiß, Elfenbein, Gelb, Orange, Grün, Dunkelgrün und Braun
- Gelstift in Schwarz
- Bast in Natur

Anleitung
Übertragen Sie die Konturen entsprechend der Grundanleitung auf das Holz, und sägen Sie die Form aus. Bohren Sie zwei Löcher für die Bastaufhängung. Glätten Sie die Seiten mit dem Schleifpapier mittlerer Körnung, und brechen Sie die Kanten mit dem feinen Schleifpapier.
Grundieren Sie nun das Motiv mit der verdünnten weißen Bastelfarbe. Nach dem Trocknen glätten Sie die aufgerichteten Holzfasern mit dem feinen Schleifpapier. Die Detailzeichnung bleibt dabei meist erhalten. Malen Sie die Raupe in Gelb aus, und tragen Sie am linken Rand der Körperglieder jeweils ein wenig Orange auf. Verziehen Sie diese Farbe mit etwas Wasser zur gelben Farbe hin. Dabei entsteht ein weicher Farbübergang, der Körper wirkt dadurch plastischer. Bemalen Sie die Grasfläche mit der dunkelgrünen Farbe. Nach dem Trocknen werden die Grasbüschel zügig zuerst mit Gelb und anschließend mit Grün aufgetragen. Malen Sie das Blatt mit Grün aus, und verziehen Sie vom Rand zur Mitte hin die gelbe Farbe mit etwas Wasser.
Sind alle Farben getrocknet, übertragen Sie den Schriftzug auf Ihr Schild. Malen Sie diesen mit der Farbe Elfenbein nach. Fassen Sie die Schrift mit dem Gelstift ein, und setzen Sie auch auf die Rasenfläche ein paar Akzente. Fixieren Sie Ihr Türschild nun mit dem Sprühlack, und fädeln Sie anschließend den Bast durch die Löcher. Die Enden werden auf der Rückseite verknotet.

3. Eierkiste mit Huhn

Dieses nette Huhn sorgt täglich für frische Eier.

Material
- Sperrholz, 6 mm stark
- Sperrholz, 3 mm stark
- Holzleiste, 1,8 m lang, 1 x 3 cm
- Schleifpapier
- Holzleim
- Bastelfarben in Weiß, Gelb, Rot, Blau, Braun und Schwarz
- Gelstift in Schwarz und Weiß
- Sprühlack

Anleitung
Übertragen Sie die Konturen des Huhns wie in der Grundanleitung beschrieben auf die Holzplatte, und sägen Sie die Form aus. Glätten Sie die Seiten mit dem Schleifpapier mittlerer Körnung, und brechen Sie mit dem feinen Schleifpapier die Kanten.
Sägen Sie aus der Leiste je 4 Teile von 20, 15 und 10 cm Länge zu. Brechen Sie die Kanten mit dem Schleifpapier mittlerer Körnung.
Grundieren Sie nun alle Teile mit der verdünnten weißen Bastelfarbe. Nach dem Trocknen glätten Sie die aufgerichteten Holzfasern mit dem feinen Schleifpapier. Leimen Sie die unteren Hölzer auf die Bodenplatte. Stabilisieren Sie alles mit den 10 cm langen Stücken. Zum Schluss werden die oberen Hölzer fixiert.
Streichen Sie die fertige Kiste mit der blauen Farbe. Nach dem Trocknen werden alle Kanten mit Weiß überbrusht (siehe unter Maltechniken in der Grundanleitung).
Malen Sie das Gefieder des Huhns mit Weiß und Schwarz in der Nass-in-Nass-Technik. Verwenden Sie die schwarze Farbe dabei sehr sparsam. Malen Sie den ganzen Schnabel mit Gelb aus, und tragen Sie in die noch nasse Farbe am äußeren Rand ein wenig Rot auf. Verwischen Sie das Rot mit der gelben Farbe zur Mitte hin.

Die Konturen der Füße werden mit der braunen Farbe auf die noch nasse gelbe Farbe aufgetragen. Mit verdünntem Rot setzen Sie Akzente. Zum Schluss malen Sie das Gesicht mit dem schwarzen Gelstift auf.

Grundieren Sie das kleine Schild mit Weiß, und schreiben Sie nach dem Trocknen „Frische Eier" darauf. Leimen Sie nun das Huhn und das Schild an die Kiste und fixieren abschließend die Farben mit Sprühlack.

4. Narzissen und Tulpen

Diese Blumen verblühen nie und verschönern Ihre Fensterbank das ganze Jahr über.

Material
- Sperrholz, 6 mm stark
- Schleifpapier
- Bastelfarben in Weiß, Gelb, Orange, Grün und Braun
- Gelstift in Schwarz
- Sprühlack

Anleitung
Übertragen Sie die Konturen wie in der Grundanleitung beschrieben auf das Holz, und sägen Sie die Formen aus. Glätten Sie die Seiten mit dem Schleifpapier mittlerer Körnung, und brechen Sie die Kanten mit dem feinen Schleifpapier.
Grundieren Sie nun das Motiv mit der verdünnten weißen Bastelfarbe. Nach dem Trocknen glätten Sie die nun aufgerichteten Holzfasern mit dem feinen Schleifpapier. Die Detailzeichnung bleibt dabei meist erhalten.

Narzissen
Malen Sie die Blüten mit Gelb, die Trompeten mit Orange aus. Verziehen Sie ein wenig Gelb ins Orange. Malen Sie nun die Konturen mit dem

Gelstift nach. Füllen Sie die Blätter mit Grün aus, und malen Sie dabei ein wenig über die Konturen. So erscheinen die Blätter nur leicht voneinander abgesetzt. Die Bodenfläche wird mit brauner Farbe bemalt. Versiegeln Sie die Farben mit Sprühlack.

Tulpen
Malen Sie die Blüten mit Gelb aus, und tragen Sie am Blütenansatz ein wenig Orange auf. Verziehen Sie diese Farbe mit etwas Wasser zur Blütenspitze hin. Sie erhalten dadurch einen weichen Farbübergang. Malen Sie nun die Konturen mit dem Gelstift nach. Füllen Sie die Blätter mit Grün aus, und malen Sie dabei etwas über die Konturen. So erscheinen die Blätter nur leicht voneinander abgesetzt. Die Bodenfläche wird mit brauner Farbe bemalt. Versiegeln Sie die Farben mit dem Sprühlack.

5. Henne und Hahn

Eine originelle Gartendeko nicht nur für die Osterzeit.

Material
- Leimholz, 18 mm stark
- Schleifpapier
- Bastelfarben in Weiß, Gelb, Rot, Grün und Schwarz
- Holzpen in Schwarz
- Gelstift in Schwarz
- Sprühlack

Anleitung

Übertragen Sie die Konturen wie in der Grundanleitung beschrieben auf das Holz, und sägen Sie die Formen aus. Glätten Sie die Seiten mit dem Schleifpapier mittlerer Körnung, und brechen Sie die Kanten mit dem feinen Schleifpapier.

Grundieren Sie nun die Motive mit der verdünnten weißen Bastelfarbe. Nach dem Trocknen glätten Sie die nun aufgerichteten Holzfasern mit dem feinen Schleifpapier. Die Detailzeichnung bleibt dabei meist erhalten. Bemalen Sie die Körper und Flügel mit Weiß. Die Schnäbel werden zunächst mit Gelb ausgemalt. Tragen Sie im oberen Teil des Schnabels jeweils ganz wenig rote Farbe auf, und verwischen Sie diese mit etwas Wasser zur Mitte hin. Sie erhalten dadurch einen weichen Übergang. Die Füße des Hahns werden ebenso gearbeitet.

Das Heunest unter dem Huhn wird zuerst mit Gelb ausgemalt. Verziehen Sie in die noch nasse Farbe etwas Braun. Auch hier können Sie wieder ein wenig Wasser verwenden. Verziehen Sie in die noch nasse Farbe der Grasfläche ein wenig Gelb.

Zeichnen Sie die Konturen mit dem Gelstift nach, und malen Sie die Pupillen mit der schwarzen Bastelfarbe aus.
Versiegeln Sie die Farben mindestens zweimal mit Sprühlack, oder verwenden Sie Bootslack.

6. Vielseitiger Frosch

Der kleine Frosch sorgt dafür, dass alles, was Sie brauchen, stets griffbereit ist.

Material
- Leimholz, 18 mm stark
- Schleifpapier
- 2 Messing-Schraubhaken
- Bildaufhänger
- Holzleim
- Bastelfarben in Weiß, Gelb, Blau, Hell- und Dunkelgrün, Braun und Schwarz
- Holzpen in Schwarz
- Gelstift in Schwarz
- Sprühlack

Anleitung
Übertragen Sie die Konturen entsprechend der Grundanleitung auf das Holz, und sägen Sie die Form aus. Glätten Sie die Seiten mit dem Schleifpapier mittlerer Körnung und brechen die Kanten mit dem feinen Schleifpapier. Grundieren Sie nun das Motiv mit der verdünnten weißen Bastelfarbe.

Nach dem Trocknen glätten Sie die Holzfasern, die sich beim Grundieren aufgerichtet haben, mit dem feinen Schleifpapier. Die Detailzeichnung bleibt meist erhalten.
Malen Sie die Flächen in den vorgegebenen Farben aus. Nach dem Trocknen werden der Körper des Frosches mit Gelb und die Flecken auf dem Rücken mit Braun gebrusht (siehe Grundanleitung unter Maltechniken).
Dann brushen Sie Akzente mit Weiß auf das Wasser und mit Schwarz auf das Ufergelände auf. Übermalen Sie die schwarze Farbe mit Grün, und setzen Sie mit dem Gelstift weitere Akzente.
Die Grasbüschel werden mit den Farben Gelb, Hell- und Dunkelgrün aufgetragen. Malen Sie die Augen zunächst ganz weiß aus, und setzen Sie darauf die schwarzen Pupillen. Die Konturen des Frosches werden mit dem schwarzen Holzpen aufgetragen. Versiegeln Sie die Farben abschließend mit dem Sprühlack, und schrauben Sie die Haken in das Holz. Befestigen Sie den Bildaufhänger auf der Rückseite.

7. Mobile mit Sommerblumen

Blüten und Marienkäfer schwingen zu leisen Tönen im Wind.

Material
- Sperrholz, 3 mm stark
- Schleifpapier
- Bastelfarben in Weiß, Gelb, Rot und Schwarz
- Gelstift in Schwarz
- Klangspiel
- gelbe Perle
- Nylonfaden
- Bohrer, 1 mm
- Draht, 0,3 mm stark
- Sprühlack

Anleitung
Übertragen Sie die Konturen nach der Grundanleitung auf das Holz, und sägen Sie die Formen aus. Glätten Sie die Seiten mit dem Schleifpapier mittlerer Körnung, und brechen Sie die Kanten mit dem feinen Schleifpapier.
Bohren Sie die Löcher für die Aufhängungen und bei den Marienkäfern die Löcher für die Fühler. Grundieren Sie nun die Motive weiß. Nach dem Trocknen glätten Sie die Teile mit dem feinen Schleifpapier. Die Detailzeichnung bleibt meist erhalten.
Bemalen Sie die Blüten weiß, die Blütenmitte gelb, und ziehen Sie die Konturen mit dem Gelstift nach. Die Marienkäferflügel werden mit Rot grundiert, der Körper mit Schwarz. Die Punkte werden mit dem Gelstift aufgezeichnet und mit der schwarzen Bastelfarbe ausgemalt. Schieben Sie den Draht für die Fühler durch das Loch, und biegen Sie die Enden um. Versiegeln Sie die Farben mit Sprühlack.
Fädeln Sie nun drei Nylonbänder durch die große Blüte, und hängen Sie sie auf. Befestigen Sie in der Mitte das Klangspiel, und hängen Sie die Blumen und Käfer in unterschiedlicher Höhe an die Spitzen der Blüte.

8. Blumenstecker „Vogel"

Ein unkomplizierter Gartenbewohner.

Material
- Sperrholz, 6 mm stark
- Schleifpapier
- Bastelfarben in Weiß, Gelb, Orange, Rot, Dunkelblau, Grün, Dunkelgrün und Schwarz
- Gelstift in Schwarz
- Sprühlack

Anleitung
Übertragen Sie die Konturen entsprechend der Grundanleitung auf das Holz, und sägen Sie die Form aus. Glätten Sie die Seiten mit dem Schleifpapier mittlerer Körnung, und brechen Sie die Kanten mit dem feinen Schleifpapier.

Grundieren Sie nun das Motiv mit der verdünnten weißen Bastelfarbe. Nach dem Trocknen glätten Sie die Holzfasern, die sich beim Grundieren aufgestellt haben, mit dem feinen Schleifpapier. Dabei bleibt die Detailzeichnung meist erhalten.

Malen Sie den Schnabel und die Füße mit Gelb aus, und verwischen Sie vom oberen Rand zur Mitte hin ein wenig Orange.

Malen Sie die Haube zunächst mit Gelb aus, und tragen Sie an den Spitzen ein ganz klein wenig Rot auf. Verwischen Sie das Rot mit etwas Wasser. Der Kopf wird grün bemalt, am Schnabelansatz werden ein paar Federn mit Blau betont. Die Wangen werden in der Grundfläche mit Orange ausgemalt. Vom Auge zur Mitte wird ein wenig Gelb verzogen und vom unteren Wangenrand mit etwas Wasser ein wenig Rot vermalt.

Der Körper wird in der Nass-in-Nass-Technik mit den Farben Gelb, Orange, Rot und etwas Grün bemalt (siehe Grundanleitung unter Maltechniken). Malen Sie den oberen Flügel Orange aus, und verziehen Sie dabei vom linken und rechten Rand zur Mitte etwas rote Farbe. Verwenden Sie auch hier

die Nass-in-Nass-Technik. Der untere Flügel wird in den Farben Blau und Grün ebenso ausgemalt.
Bemalen Sie die Grasfläche mit Grün, und wischen Sie ein wenig Gelb hinein. Die Grasbüschel werden in Dunkelgrün aufgetragen und erhalten ein paar gelbe Lichtstriche. Ziehen Sie die Konturen mit dem schwarzen Gelstift nach, und setzen Sie ein paar Akzente auf die Grasfläche. Versiegeln Sie die Farben mindestens zweimal, oder verwenden Sie Bootslack.

9. Gartenstecker „Blume"

Ein hübscher und nie verblühender Hingucker für jeden Garten.

Material
✦ Sperrholz, 6 mm stark
✦ Rundholz, 8 mm
✦ Schleifpapier
✦ Holzleim, Sprühlack
✦ Bastelfarben in Weiß, Gelb, Rot, Grün und Braun
✦ Gelstift in Schwarz

Anleitung
Übertragen Sie die Konturen nach der Grundanleitung auf das Holz, und sägen Sie die Formen aus. Glätten Sie die Seiten mit dem Schleifpapier mittlerer Körnung, und brechen Sie die Kanten mit dem feinen Schleifpapier.

Grundieren Sie die Blüte weiß. Nach dem Trocknen glätten Sie das Holz mit dem feinen Schleifpapier. Die Detailzeichnung bleibt meist erhalten.

Grundieren Sie die Blätter in Grün. Verstreichen Sie in der Nass-in-Nass-Technik ein wenig Gelb (siehe unter Maltechniken in der Grundanleitung). Bei der Blüte verfahren Sie ebenso. Da die Farben schnell trocknen, müssen Sie Blatt für Blatt bemalen. Nachdem Sie ein Blütenblatt gelb grundiert haben, verstreichen Sie wenig Rot mit einem breiten flachen Pinsel zur Mitte hin.

Malen Sie das Blüteninnere braun aus. Stupfen Sie nach dem Trocknen mit Gelb in der Drybrush-Technik diese Fläche von der Mitte zum Rand hin über. Wiederholen Sie dies so oft, bis der gewünschte Farbton entsteht.

Zeichnen Sie die feinen Linien der Blüte mit dem Gelstift ein, und leimen Sie die Einzelteile am vorher grün bemalten Rundholz an.

10. Rankhilfe

Ein fester Halt für kleine Kletterpflanzen auf der Blumenbank.

Material
- Sperrholz, 6 mm stark
- Schleifpapier
- Bastelfarben in Weiß, Elfenbein, Gelb und Grün
- Sprühlack

Anleitung
Übertragen Sie die Konturen nach der Grundanleitung auf das Holz, und sägen Sie die Form aus.
Glätten Sie die Seiten mit dem Schleifpapier mittlerer Körnung, und brechen Sie die Kanten mit dem feinen Schleifpapier.
Grundieren Sie den Blütenstrauß mit der verdünnten weißen Bastelfarbe. Nach dem Trocknen glätten Sie die aufgerichteten Holzfasern mit dem feinen Schleifpapier. Die Detailzeichnung bleibt meist erhalten.
Bemalen Sie die Blätter mit Grün, und verstreichen Sie in die nasse Farbe ein wenig Gelb.
Die Blüten werden zunächst mit Elfenbein grundiert. Tragen Sie anschließend am Blütenansatz ein wenig Gelb auf, und verwischen Sie dieses zu den Blütenspitzen hin.

11. Gartenschnecke

Ein gern gesehener Gast in unserem Blumenbeet, der aber auch jede Fensterbank sehr schön belebt.

Material
- Sperrholz, 6 mm stark
- Leiste, 50 cm lang, 10 x 5 mm
- Schleifpapier
- Holzleim
- Bastelfarben in Weiß, Gelb, Grün und Braun
- Gelstift in Schwarz und Weiß
- Sprühlack

Anleitung
Übertragen Sie die Konturen nach der Grundanleitung auf das Holz, und sägen Sie die Form aus. Glätten Sie die Seiten mit dem Schleifpapier mittlerer Körnung, und brechen Sie die Kanten mit dem feinen Schleifpapier.
Grundieren Sie die Schnecke mit der verdünnten weißen Bastelfarbe. Nach dem Trocknen glätten Sie die aufgerichteten Holzfasern mit dem feinen Schleifpapier.
Die Detailzeichnung bleibt meist erhalten. Bemalen Sie das Schneckengehäuse braun, und lassen Sie alles gut trocknen. Brushen Sie entsprechend der Form etwas gelbe Farbe darauf.
Der Kopf und der Körper werden in Gelb bemalt. Tragen Sie auf die Wangen etwas braune Farbe auf, und verziehen Sie diese mit viel Wasser zur Mitte hin. Auch der Körper wird mit Braun verwischt.
Die Rasenfläche wird in Grün grundiert und mit gelber Farbe in der Nass-in-Nass-Technik verzogen. Tragen Sie nun die Konturen mit dem schwarzen Gelstift auf, und deuten Sie in der Rasenfläche ein paar Kriechspuren an. Die Lichtpunkte werden mit dem weißen Gelstift gesetzt.
Wenn die Schnecke für Ihr Blumenbeet gedacht ist, befestigen Sie einen Stab mit etwas Holzleim hinten an der Schnecke; soll die Schnecke auf der Fensterbank sitzen, können Sie ihn weglassen.
Abschließend versiegeln Sie die Farben mit Sprühlack.

12. Blumenkette

Blumen, die nie verblühen.

Material
- Sperrholz, 3 mm stark
- Schleifpapier
- Bohrer, 3 mm
- Bastelfarben in Weiß, Gelb, Orange, Rot, Grün und Braun
- Gelstift in Schwarz
- Satinband in Gelb, 1,5 m lang, 3 mm breit
- 12 Holzperlen in Orange, Ø 8 mm
- 6 Holzperlen in Gelb, Ø 10 mm
- Sprühlack

Anleitung
Übertragen Sie die Konturen nach der Grundanleitung auf das Holz, und sägen Sie die Formen aus. Glätten Sie die Seiten mit dem Schleifpapier mittlerer Körnung, und brechen Sie die Kanten mit dem feinen Schleifpapier. Bohren Sie die Löcher für die Aufhängungen. Grundieren Sie nun die Motive mit der verdünnten weißen Bastelfarbe. Nach dem Trocknen glätten Sie die aufgerichteten Holzfasern mit dem feinen Schleifpapier. Die Detailzeichnung bleibt meist erhalten.

Ziehen Sie mit dem Gelstift die Blattadern, die Konturen auf der Gießkanne und die Blütenlinien ein.

Bemalen Sie die Blätter mit Grün, und malen Sie dabei über die Linien. Mischen Sie ein wenig Gelb in die grüne Farbe. Malen Sie das Blüteninnere mit Gelb aus und die Blätter mit Orange. Tragen Sie an den Rändern etwas Rot auf, und vermalen Sie dieses mit viel Wasser zur Mitte hin. Auch hier wird mit der roten Farbe über die schwarze Kontur gemalt. Grundieren Sie die Gießkanne in Grün, an den Konturen malen Sie jeweils eine gelbe Linie. Verziehen Sie die beiden Farben miteinander, wobei Sie wieder über die Kontur malen. Betonen Sie den Henkel, die Tülle und den unteren Rand etwas, indem Sie dort ein wenig mehr Gelb einmischen.

Versiegeln Sie die Teile mit Sprühlack.

Ziehen Sie jeweils ein Band durch ein Holzteil, und fädeln Sie dann drei Perlen auf. Befestigen Sie das nächste Teil, und verknoten Sie die Bänder.

13. Vogelhaus

Ein gemütlicher Unterschlupf für unsere kleinen Freunde.

Material
✦ Sperrholz, 6 mm stark
✦ Schleifpapier
✦ Holzleim
✦ evtl. Kreisbohrer, Ø 45 mm und 75 mm
✦ Bastelfarben in Weiß, Elfenbein und Grün
✦ Serviettenkleber
✦ Serviette mit Vogelmotiv
✦ kleine Nägel
✦ Sprühlack

Anleitung
Übertragen Sie die Konturen der Vorder- und Rückseite auf das Holz, und sägen Sie die Form zweimal aus. Anschließend werden die übrigen Teile ausgesägt:
✦ Bodenplatte, 15 x 17 cm
✦ Seitenteile, je 16,5 x 13 cm
✦ kürzeres Dachteil, 17 x 17 cm
✦ längeres Dachteil, 17,8 x 17 cm

Bohren Sie das Einschlupfloch in die Vorderseite und das Loch zum Säubern des Innenraumes in die Rückseite. Dazu können Sie den Kreisbohrer zu Hilfe nehmen, oder das Loch von Hand aussägen. Nun bohren Sie zum Aufhängen ein kleines Loch in die Rückseite. Glätten Sie die Seiten mit dem Schleifpapier mittlerer Körnung, und brechen Sie die Kanten mit dem feinen Schleifpapier. Grundieren Sie nun das Motiv weiß. Nach dem Trocknen glätten Sie das Holz mit dem feinen Schleifpapier. Bemalen Sie vor dem Zusammenbau alle Teile von beiden Seiten mit Elfenbein, die Dach-Außenseiten mit Grün. Nach dem Trocknen werden alle Flächen mit Sprühlack versiegelt. Leimen Sie nun alle Teile zusammen. Das Dach schließt mit der Rückseite bündig ab. Die Bodenplatte und das Dach werden zusätzlich noch mit kleinen Nägeln gesichert.

Schneiden Sie das Serviettenmotiv aus. Tragen Sie nun ein wenig Serviettenkleber auf die Holzplatte auf, und legen Sie die oberste Lage der Serviette darauf. Streichen Sie eine weitere Schicht Serviettenkleber vorsichtig mit einem flachen, weichen Synthetikpinsel von der Mitte des Motivs über die gesamte Vorderseite des Hauses. Stupfen Sie ein wenig grüne Farbe am Rand entlang.

14. Schmetterlinge

In zarten Farben „fliegen" diese Schmetterlinge vor Ihrem Fenster.

Material
✦ Sperrholz, 3 mm stark
✦ Schleifpapier
✦ Silberdraht, 0,3 mm stark
✦ Nylonfaden
✦ Federn in Hellbau und Rosé
✦ Bastelfarben in Weiß und Flieder
✦ Bohrer, 1 mm
✦ Sprühlack

Anleitung

Übertragen Sie die Konturen nach der Grundanleitung auf das Holz, und sägen Sie die Formen aus. Glätten Sie die Seiten mit dem Schleifpapier mittlerer Körnung, und brechen Sie die Kanten mit dem feinen Schleifpapier.

Grundieren Sie nun die Motive mit der verdünnten weißen Bastelfarbe. Nach dem Trocknen glätten Sie die aufgerichteten Holzfasern mit dem feinen Schleifpapier. Die Detailzeichnung bleibt dabei meist erhalten.

Bohren Sie die Löcher für die Fühler und die Aufhängungen. Bemalen Sie die Flügel mit der weißen Bastelfarbe, und tragen Sie am Flügelansatz die Farbe Flieder auf. Verstreichen Sie diese Farbe mit einem flach gebundenen Synthetikpinsel mit viel Wasser zu den Flügelspitzen hin. Achten Sie darauf, dass sich der zweite Flügel deutlich von dem ersten absetzt, da hier die Trennung nicht durch eine Konturlinie erfolgt.

Der Körper wird ebenfalls mit Flieder bemalt. Versiegeln Sie nun die Farben mit dem Sprühlack.

Nehmen Sie den Draht vierfach, und verdrehen Sie ihn. Schieben Sie ihn durch das Loch, und biegen Sie die Enden zur Öse. Eventuell müssen Sie den Draht noch mit ein wenig Klebstoff fixieren.

Knoten Sie die Federn an den Faden, und befestigen Sie diesen am Schmetterling.

15. Blumenkinder

Stolz tragen diese Kinder wunderschöne Blumen vor sich her.

Material
- Sperrholz, 3 mm stark
- Schleifpapier
- Bohrer, 1 mm
- Holzleim
- Heiß- oder Kraftkleber
- Bastelfarben in Weiß, Pastellgelb, Rot, Rosa, Pastellrosa, Dunkelrosa, Flieder, Haut und Braun
- Gelstift in Schwarz
- 2 Seidenmargeriten
- Sprühlack

Anleitung
Übertragen Sie die Konturen nach der Grundanleitung auf das Holz, und sägen Sie die Formen aus. Glätten Sie die Seiten mit dem Schleifpapier mittlerer Körnung, und brechen Sie die Kanten mit dem feinen Schleifpapier.
Grundieren Sie nun die Motive mit der verdünnten weißen Bastelfarbe. Nach dem Trocknen glätten Sie die aufgerichteten Holzfasern mit dem feinen Schleifpapier. Die Detailzeichnung bleibt meist erhalten. Malen Sie die Flächen wie vorgegeben aus, und befestigen Sie die Arme mit etwas Holzleim am Körper.
Die Haare werden zunächst mit Pastellgelb bemalt. Nach dem Trocknen werden die Haarsträhnen und das Zopfmuster mit stark verdünnter brauner Farbe herausgearbeitet. Verwenden Sie hierfür einen feinen Haarpinsel.
Brushen Sie die Wangen mit Rot. Die Konturen der Beine werden durch eine feine braune Linie betont, die Konturen der Schuhe mit der Farbe Dunkelrosa bzw. Weiß.
Verzieren Sie die Kleider und den Hut mit

kleinen Pünktchen (siehe unter Maltechniken in der Grundanleitung). Versiegeln Sie abschließend die Farben mit Sprühlack, und befestigen Sie im Anschluss die Seidenblumen an den Händen. Hierfür eignet sich am besten Heiß- oder Kraftkleber.

16. Untersetzer „Blümchen"

Das passende Ambiente für ein kühles Getränk im Garten.

Material
- Sperrholz, 6 mm stark
- Leiste, 10 x 10 mm, 30 cm lang
- ovales Holztürschild
- Schleifpapier
- Holzleim
- Bastelfarben in Weiß, Gelb, Rot, Dunkelgrün und Braun
- Gelstift in Schwarz
- Sprühlack

Anleitung
Übertragen Sie die Konturen nach der Grundanleitung auf das Holz, und sägen Sie die Formen aus. Glätten Sie die Seiten mit dem Schleifpapier mittlerer Körnung, und brechen Sie die Kanten mit dem feinen Schleifpapier. Verwenden Sie für den Ständer ein ovales Holztürschild, oder fertigen Sie eins nach der Vorlage an. Sägen Sie aus der Leiste 7 Stücke von je 4 cm Länge zu, und leimen Sie die Leistenstücke im Abstand von 7 mm auf das Brett. Grundieren Sie die Blüten mit der verdünnten weißen Bastelfarbe, den Ständer mit verdünntem Dunkelgrün. Nach dem Trocknen glätten Sie die aufgerichteten Holzfasern mit dem feinen Schleifpapier.
Die Detailzeichnung bleibt meist erhalten.
Bei den Blüten gehen Sie folgendermaßen vor: Grundieren Sie jeweils ein Blütenblatt mit Gelb. Tragen Sie ein wenig rote Farbe am linken Rand auf, und vermalen Sie diese mit etwas Wasser zur Mitte hin.

Sie erhalten dadurch einen weichen Übergang. Bemalen Sie so Blatt für Blatt. Die Blütenmitte wird mit brauner Farbe ausgemalt. Ziehen Sie nun die Konturen sowie die feinen Blütenlinien mit dem Gelstift nach. Da die Untersetzer häufig mit Feuchtigkeit in Berührung kommen, sollten Sie sie 2–3 mal mit Sprühlack versiegeln.

ISBN 3-8241-1222-1
Broschur, 32 S., 2 Vorlageb.

ISBN 3-8241-1121-7
Broschur, 32 S., 2 Vorlageb.

ISBN 3-8241-1188-8
Broschur, 32 S., 3 Vorlageb.

ISBN 3-8241-1163-2
Broschur, 32 S., 2 Vorlageb.

ISBN 3-8241-1023-7
Broschur, 32 S., 2 Vorlageb.

ISBN 3-8241-1180-2
Broschur, 32 S., 2 Vorlageb.

Lust auf Mehr?

Liebe Leserin, lieber Leser,
natürlich haben wir noch viele andere Bücher im Programm.
Gerne senden wir Ihnen unser Gesamtverzeichnis zu.
Auch auf Ihre Anregungen und Vorschläge sind wir gespannt.
Rufen Sie uns einfach an oder schreiben Sie uns.

Englisch Verlag GmbH
Postfach 2309 · 65013 Wiesbaden
Telefon 06 11/9 42 72-0 · Telefax 06 11/9 42 72 30
E-Mail info@englisch-verlag.de
Internet http://www.englisch-verlag.de